Couverture inférieure manquante

Début d'une série de documents
en couleur

COUVERTURE SUPERIEURE D'IMPRIMEUR

Respectueux hommage de l'auteur

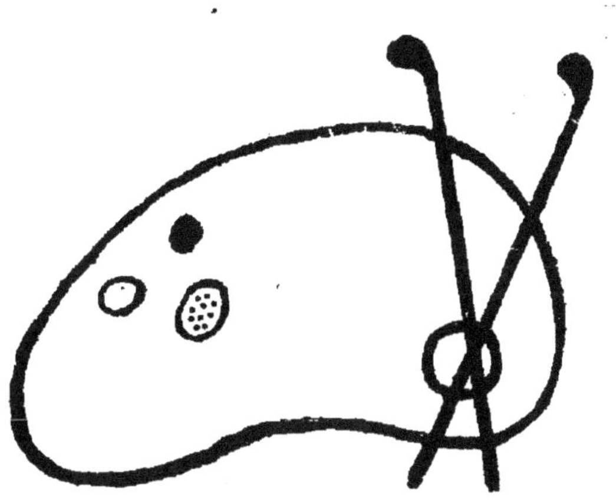

Fin d'une série de documents
en couleur

# UN ADVERSAIRE INCONNU

# DE SAINT BERNARD

## ET

## DE PIERRE LOMBARD

—

## NOTICE

### SUR UN MANUSCRIT PROVENANT DE LA GRANDE-CHARTREUSE.

## I.

Les historiens de la philosophie scolastique ont fait à plus d'une reprise le récit de la lutte qu'engagea, vers le milieu du XII<sup>e</sup> siècle, saint Bernard contre le célèbre évêque de Poitiers Gilbert de la Porrée[1]. Cette controverse fameuse ne doit être considérée que comme un incident assez ordinaire dans la vie de l'Église catholique : on sait, en effet, qu'à diverses époques des esprits distingués, pour expliquer le mystère de la Trinité, ont franchi les limites de l'enseignement chrétien et que l'autorité doctrinale a dû les y ramener. Les uns, frappés davantage de l'idée d'unité, avaient, comme jadis Sabellius, nié la distinction des personnes ; d'autres, avec Arius, plutôt que d'admettre l'égalité des personnes, avaient fait du Père le Dieu suprême et ne considéraient le Fils que comme le premier-né de toutes les créatures : Gilbert, qui passait pour l'un des hommes les plus cultivés de son siècle[2],

1. Voir en particulier B. Hauréau, *Histoire de la philosophie scolastique,* première partie, p. 447.
2. Voir le témoignage d'un contemporain, auteur de l'*Historia pontificalis,* Pertz, XX, 522.

n'avait évité ces erreurs que pour tomber sur un autre écueil : exagérant l'idée de trinité aux dépens de l'idée d'unité, il fut amené à enseigner un système que l'on accusa à bon droit d'être trithéiste, sinon en un certain sens polythéiste.

Une Divinité qui ne se confondrait pas avec Dieu ; des personnes divines si complètement distinctes les unes des autres qu'elles ne s'uniraient que par une forme commune, tirée de la Divinité ; ces personnes elles-mêmes distinctes de leurs perfections, tels étaient les points principaux de l'enseignement de Gilbert ; il n'était point difficile d'y reconnaître l'application de la théorie réaliste qui distinguait Dieu de la Divinité, comme elle avait distingué l'homme de l'humanité. Pas n'est besoin de longs discours pour montrer le péril que de telles propositions faisaient courir au dogme du Dieu unique et personnel qui est la base du christianisme. Certes il n'eût pas fallu s'avancer loin dans cette voie pour que la doctrine chrétienne se trouvât transformée en une théorie philosophique assez semblable à ces systèmes compliqués et obscurs que l'Orient n'a jamais cessé d'engendrer : tout au moins eût-on distingué en Dieu quatre choses, la substance et les trois personnes ; peut-être, grâce à la distinction réelle que l'on établissait entre Dieu et ses perfections, serait-on arrivé à enseigner l'existence, non seulement d'une quaternité, mais, suivant l'expression de saint Bernard, d'une centénité[1].

L'abbé de Clairvaux, qui jadis n'avait point ménagé Abélard, ne se laissa arrêter ni par la science ni par l'autorité de Gilbert ; il le poursuivit jusqu'à ce qu'il eût réussi à obtenir la condamnation de ses doctrines lors de la tenue du concile réuni à Reims en 1148, sous la présidence du pape Eugène III. Les divers récits qui nous ont été conservés ne sont pas d'accord sur la portée des décisions de cette assemblée[2] ; le document que je signale plus loin contient, comme on le verra, la version des partisans extrêmes de l'évêque de Poitiers. Gilbert discuta savamment ; théologien d'une érudition consommée, il tira parti de toutes ses ressources ; politique habile, il profita des sentiments de jalousie qu'inspirait à une frac-

---

1. « Verbi causa dicimus magnum, bonum, justum et innumera talia, sed nisi omnia unum-in Deo et cum Deo consideres, habebis multiplicem Deum. » S. Bernard, *De consideratione*, V, 7. Et encore, dans ce chapitre : « Multa dicuntur esse in Deo... sed multa unum. Alioquin, si diversa putamus, non quaternitatem habemus sed centenitatem. »

2. Cf. Hauréau, *op. cit.*, pp. 474 et ss.

tion du clergé, notamment à la majorité des cardinaux, l'ascendant de saint Bernard sur le pape et sur l'Église de France. Il sut ainsi se disculper d'imputations fausses et atténuer la gravité du coup dont il était menacé ; il finit d'ailleurs par se rallier à une profession de foi rédigée sous l'influence de saint Bernard et observa jusqu'à sa mort, survenue en 1154, le silence qui lui avait été imposé sur ces questions.

Toutefois, les partisans de Gilbert (ils étaient plus ardents que nombreux) ne prirent pas facilement leur parti de la condamnation de leur maître. Saint Bernard, dans un de ses sermons sur le Cantique des Cantiques, leur rappelle les décisions qui réprouvent l'enseignement de Gilbert : « A Dieu ne plaise que l'Église catholique consente jamais à admettre une chose par laquelle Dieu soit et qui ne soit pas Dieu. » Le saint abbé continue en ces termes : « Je ne parle pas contre l'évêque de Poitiers, car dans ce concile il s'est humblement soumis à la sentence des évêques et a lui-même formellement condamné ces propositions et d'autres dignes de censure. Je parle pour ceux qui, contrairement à l'interdit apostolique promulgué dans cette assemblée, copient et lisent ce livre[1], s'obstinent à suivre cet évêque en des idées qu'il a abandonnées et préfèrent en lui le maître qui enseigne l'erreur au maître qui leur apprend à se corriger[2]. »

La petite église des disciples de Gilbert de la Porrée devait survivre à son chef comme à saint Bernard ; elle existait encore à la fin du XIIᵉ siècle et n'avait point cessé de lutter pour esquiver les condamnations doctrinales dont elle avait été frappée et pour renvoyer à ses adversaires l'accusation d'hérésie. Les preuves de ce fait étaient maigres et rares ; le hasard des recherches que j'ai été appelé à faire dans les manuscrits de la Grande-Chartreuse, déposés à la bibliothèque de Grenoble, m'a révélé un témoignage, que je crois encore inconnu, de l'activité et de l'obstination des partisans de l'évêque de Poitiers. Si l'on veut bien se rappeler de quelle importance ont été les controverses trinitaires pour déterminer la notion de Dieu, on trouvera peut-être qu'il n'était point inutile de signaler l'existence de ce document : les maîtres de l'histoire de la philosophie diront si cette publication ajoute

1. Sans doute le commentaire de Gilbert sur le traité *De Trinitate* du pseudo-Boèce. Cf. *Patrol. Latina*. LXIV.
2. In cantic., sermo LXXX.

quelques lumières à celles que nous possédons sur le mouvement
intellectuel et les préoccupations théologiques du xii° siècle.

## II.

On conservait au xvii° siècle à la Grande-Chartreuse un manuscrit contenant, entre autres choses, plusieurs œuvres de Florus,
le diacre lyonnais contemporain de Charles le Chauve, notamment son traité de la messe et son commentaire sur les épîtres de
saint Paul, qui n'est qu'une compilation d'extraits empruntés
aux Pères de l'Église. Sirmond, qui dès 1612 entretenait des relations scientifiques avec les religieux de la Chartreuse, avait tiré de
ce manuscrit des fragments de saint Avit de Vienne qu'il avait le
premier livrés au public[1]. Plus tard, en une circonstance qu'il ne
m'a pas été possible de préciser, Sirmond vint en Chartreuse, étudia
le manuscrit de plus près et exprima le désir de le posséder. C'est
alors que les chartreux se décidèrent à lui faire hommage du
précieux texte; dom Juste Perrot, prieur de la Grande-Chartreuse, fit détacher du manuscrit les œuvres de Florus qu'il adressa
au savant jésuite par l'intermédiaire du prieur de la Chartreuse
de Vauvert. Sirmond y trouva des fragments inédits de saint
Fulgence qu'il publia en 1643 sous ce titre : *Excerpta Fulgentii contra Fabianum*[2].

Qu'est devenu le manuscrit de Florus ? Je laisse aux érudits le
soin d'en rechercher le sort; il ne me paraît pas figurer dans le
catalogue des manuscrits qui formaient une part si importante de

1. Cf. Bellarmin-Labbe, *De scriptoribus ecclesiasticis*, I, 170 (édition de
Paris, 1660).

2. Une note écrite par un chartreux sur la première garde de la partie du
manuscrit demeurée à la Chartreuse nous apprend que le P. Sirmond « avoit
demandé ce manuscrit lorsqu'il vint en Chartreuse au temps que le Roy vint à
Grenoble. Cela est, ajoute l'annotateur, dans une des lestres du R. P. D. Juste
Perrot. » Ce renseignement ne s'accorde pas facilement avec les faits : Louis XIII
vint à Grenoble en 1629 et 1630, mais alors Sirmond, n'étant pas son confesseur, ne suivait sans doute pas la cour. Il était vraisemblablement confesseur du roi en 1642, quand Louis XIII revint par la vallée du Rhône de l'expédition de Catalogne. Est-ce alors que Sirmond quitta le cortège royal à Valence
ou à Lyon pour venir en Chartreuse? Cela coïnciderait bien avec la date de
l'édition des *Excerpta Fulgentii*, publiée en 1643, mais il ne paraît pas que le
roi soit venu à Grenoble à cette époque. On voit la difficulté, peut-être causée
par une méprise de l'annotateur chartreux.

la bibliothèque des jésuites du collège de Clermont; on sait que cette collection fut vendue lors de la suppression de l'ordre. L'autre partie du manuscrit, qui n'avait pas été envoyée à Sirmond, figura jusqu'à la Révolution dans la bibliothèque de la Grande-Chartreuse sous le n° 173; elle constitue maintenant le n° 1085 des manuscrits de la bibliothèque de Grenoble [1]. Le premier des traités

1. Écriture du xiii° siècle. Parchemin, 135 feuillets, plus à la fin dix feuillets en papier blanc remplaçant évidemment des feuillets coupés : on voit aussi que des feuillets ont été enlevés au début du manuscrit; 212 sur 150 millimètres; initiales à l'encre rouge, rubriques pour l'indication des chapitres et les noms des auteurs cités. Reliure en basane, du xvii° siècle. Sur la première garde, on trouve des notes des bibliothécaires de la Chartreuse au xvii° siècle, et en écriture du xiii° siècle, très analogue à celle du manuscrit, la lettre suivante, d'où l'on peut inférer que le ms. appartenait déjà aux Chartreux au xiii° siècle. « Dilectissimo suo dulcissimo G. pauperculo Cartusie novicio frater A., jugum Christi suaviter sentire et onus ejus usque in finem portare cum amore. Sit nomen Domini benedictum, qui vos vocavit in admirabile lumen suum. Quid retribuetis Domino pro omnibus que retribuit vobis? Cum enim seculum vobis rideret, quis posuit in visceribus vestris ut risum deputaretis errorem et gaudio diceretis; quid frustra decipis? Quis fuit ductor itineris vestri ut vos adduceret in montem, nisi spiritus Domini? Ille namque veraciter ascendit in montem, qui vitam proponit arduam tenere et propter verba Dei vias duras custodire. Sit igitur apud vos gloriosum pariter et jocundum abjectum esse in domo Dei vestri et recumbite in novissimo loco, ut cum venerit qui vos vocaverit dicat vobis : Amice, ascende superius. Sapienter fugit naufragia qui tendit ad humilitatis portum. Et quid opus est plura dicere? Benedictio Domini super caput vestrum, qui enim, credimus, ante vos Deum et post tergum posuistis seculum; et vestris orationibus nos pariter commendamus. » Un chartreux du xvii° s. suppose que cette lettre a pu être écrite par Armand, profès de Portes ou de quelque maison de Bourgogne, qui fut ensuite prieur de la Chartreuse de Silignac, où il mourut en 1220, après avoir été l'ami de saint Hugues de Lincoln. Je n'ai ni à défendre ni à combattre cette hypothèse; au surplus cette lettre me semble ne fournir aucun renseignement sur l'auteur du *Liber de vera philosophia*.

Le *Liber de vera philosophia* commence au fol. 3 de la pagination actuelle : « Incipit liber de vera philosophia. Vita cujus libet est summum bonum, sicut mors cujuslibet est summum malum; » tel est le début du prologue. L'ouvrage comprend douze parties, qui seront énumérées ci-dessous; la douzième est le résumé de la *Collectio auctoritatum*, dont j'aurai occasion de parler. Suit, au fol. 100 v°, une autre collection d'extraits des Pères sur la Trinité, qui semble ajoutée au *Liber*; elle commence brusquement par ces mots : « Item Flores prime partis collecte. Boetius libro de Trinitate; in universalibus pars dici non potest... » La seconde partie de cette collection s'ouvre, au fol. 102 r°, par ces mots : « Flores ultime partis collecte; Rabanus super Genesim. In principio Genesis primitus misterium Trinitatis agnoscitur... » Les feuillets 110 et 111 sont remplis de citations sans ordre apparent, d'une autre écriture. A partir du feuillet 112, le manuscrit ne comprend plus que des sermons anonymes, sans

que l'on y trouve est une œuvre anonyme, intitulée *Liber de vera philosophia*, transcrite par un scribe qui écrivait vers l'an 1200. C'est sur ce traité que je voudrais attirer l'attention du lecteur : c'est pourquoi j'essaierai de donner quelques renseignements tant sur l'auteur anonyme que sur les caractères de son œuvre.

## III.

L'auteur de cet ouvrage est évidemment un supérieur ecclésiastique, probablement un abbé qui écrit pour l'instruction de ses moines ; en effet, il nous l'indique par ces mots :

« Omnis homo semper debet tota mente exquirere quis eum fecerit, et ad quid et de quo....; unde prelatis omnibus ecclesiarum precipue a Deo injunctum est quod rudes semper hec doceant et prudentes ad hec exerceant. Inde est quod sic facere modo et nos licet minus periti, intendimus[1]. »

L'œuvre a été écrite après 1179, date du concile de Latran, qui y est mentionné en un passage que j'aurai l'occasion de citer plus bas[2]. L'auteur nomme comme des contemporains les écrivains du XIIe siècle, Abélard, saint Bernard, Guillaume de Conches, Pierre Lombard ; il connaît l'histoire des doctrines de cette époque ; on peut donc conjecturer qu'il appartient à la génération arrivée à la maturité au plus tard vers 1160 et qu'il a dû écrire entre 1180 et 1190, plutôt au commencement qu'à la fin de cette période.

A quelle région appartenait notre auteur? Là-dessus nous avons quelques indices : dans l'énumération des faits surnaturels qu'il invoque à l'appui du dogme de la présence réelle, il semble préférer ceux qui se sont produits dans le Midi, par exemple à Saint-Gilles et à Narbonne ; de plus, il nous apprend qu'il était en relations d'amitié avec un chanoine de Saint-Ruf ; enfin il voyagea en Espagne et fut aux environs de Valence témoin d'un miracle

---

ordre méthodique. Voici l'*incipit* du premier : « Diligite justiciam qui judicatis terram. Quid est diligere justiciam nisi diligere Christum...? » Voici l'*incipit* du dernier : « Sion in judicio redimetur et reducent eam in justiciam. Syon ea est que speculari debemus, alta, profunda et dulcia Dei... »

Au *Liber de vera philosophia* ont été ajoutés dans les marges et dans les blancs de très nombreux renvois et de nombreuses notes en une écriture du XIIIe siècle.

1. Fol. 31 r°.
2. Voir ci-dessous page 22.

eucharistique[1]. Il paraît donc légitime de conclure que l'écrivain inconnu était un abbé de la Provence, ou, plus vraisemblablement encore, du Languedoc.

A coup sûr, il était très savant ; on en peut juger par la variété de ses citations. S'il connaissait bien les lettres profanes, il n'était pas moins versé dans l'étude de la littérature sacrée. Ses pérégrinations dans les pays d'Orient l'avaient mis en contact avec les Grecs, de l'opinion desquels il se préoccupe toujours ; aussi cite-t-il saint Athanase, saint Chrysostome, Didyme, saint Grégoire de Nazianze, Théodoret, Sophronius, saint Jean Damascène, à côté des Pères de l'Église latine, saint Augustin, saint Grégoire, saint Jérôme, saint Hilaire, saint Ambroise, saint Léon, saint Fulgence, Boèce, Cassiodore, Bède le Vénérable, etc.; il n'ignore d'ailleurs ni les lettres des papes, ni les décisions des conciles ; il connaît la polémique que soutint au commencement du xiie siècle, contre les docteurs de Byzance, l'archevêque de Milan, Pierre Grosulan[2], au sujet de la procession du Saint-Esprit. Toutefois, malgré cette immense érudition, il tient en défiance la science humaine, surtout la science contemporaine. S'il dit en un passage : « Religionis et fidei sectande caput est historia et philosophia[3], » il ne manque pas, en d'autres endroits, de rabattre les tendances rationalistes de la science mondaine : « Sapientia hujus mundi stulticia est apud Dominum; item prudentia carnis mors est, quia naturas rerum sequitur, et nichil putat Deum posse preter quod in naturis rerum videt[4]. » Au surplus, c'est un esprit vigoureux, mais étroit[5] ; il s'est enfermé dans

---

1. Fol. 52 r°.
2. Fol. 79 r°.
3. Fol. 29 r°.
4. Fol. 8 v°.
5. Il donne parfois de singuliers arguments, qui décèlent une pensée originale. En voici un exemple : quand il distinguait de Dieu les attributs divins, on lui objectait : Dieu n'a donc pas été seul de toute éternité, puisque ses attributs existaient avec lui. Voici ce qu'il répond : « Ego autem miror viros sapientes hanc impericiam pro ratione posuisse, quia si hoc est verum quod dicunt, nichil est solum in mundo toto, nec fuit, nec erit unquam. Unde secundum eos mentimur quoties dicimus religiosos solitarios solos habitare in cellulis quia solitarii dicuntur, quia forte catus, vel mus, vel aragnes, vel pulex, vel pediculus, vel vermis in ventre, vel vestis in dorso, vel capilli, vel cicatrix, vel corona, vel calvicium, vel pes, vel albedo in oculo, vel aliquis lapis, vel ligna, vel tegule, vel ostium, vel proprietas aliqua sive sua sive cellule sue sive cujuslibet alterius est in domo cum eis. » Fol. 77 r°.

une petite école qui n'a point d'avenir et accepte sans hésiter l'extrémité où il se trouve réduit de frapper d'anathème l'immense majorité des hommes de sa génération.

## IV.

Le but qu'il se propose avant tout, c'est de faire connaître la vraie foi tombée dans un oubli presque universel. Là-dessus il s'explique nettement dans son prologue.

Après avoir établi l'importance de la philosophie, qui, en faisant connaître Dieu, assure aux hommes la vie éternelle, il continue en ces termes : « In hac ergo vita a nobis cognoscendus est Deus, saltem per fidem cum non possimus per speciem. Quare et in hac philosophia semper omnes debemus intendere si mortem eternam volumus evadere et vitam eternam acquirere, quam nullo modo aliter possumus obtinere. Hoc autem cum aliquibus familiaribus meis diligentissime persuaderem, responderunt hoc verum esse, sed vix aut numquam fieri posse ut fidem rectam aliquis de Deo possit habere, et non recta facit hereticum et sacrilegum esse. Nam de fide recta nulli sanctorum adhuc leguntur seriatim scripsisse quicquid fuerat nobis necesse[1]. »

Sans doute, on a bien écrit des traités sur des sujets particuliers, mais ils sont trop nombreux pour que les fidèles puissent trouver le temps de les lire ou triompher de l'ennui qu'ils inspirent. Ce qu'il faut, c'est un abrégé solide de la doctrine. On a tenté de l'écrire, mais en vain : « Hoc tamen nonnulli modernorum conati sunt facere, quorum quidam non satis exercitati, in multis convincuntur errasse, tum ex eo quod ex suo multa suspitiosa visi sunt addidisse, tum ex eo quod dicta sanctorum aliter quam se haberet intellectus auctorum creduntur interpretasse ; unde tantum scisma inter ipsos modernos, etiam Latinos, exortum est, ut alii alios ad invicem scribendo improbent hereticos. His igitur obstaculis a fide recta prepedimur, et cui parti favere debeamus penitus ignoramus[2]. »

L'auteur a donc formé le projet d'écrire un livre court et précis qui soit une réponse à tant d'âmes qui se demandent : où est la vraie foi ? que faut-il croire ? Déjà le prologue manifeste une défiance profonde à l'égard des opinions généralement reçues et

1. Fol. 3 r°.
2. *Ibid.*

des doctrines émises par les contemporains dans leurs écrits.
Cette tendance, comme on le verra, ne fera que s'accentuer
dans la suite du traité.

## V.

L'œuvre est divisée en douze parties. Voici en quels termes le
plan est indiqué dans le prologue :

Petimus ergo (ce sont les disciples qui parlent) ut... nos instruas
quo modo Deus est trinus et unus (i) ; indè de Incarnatione Verbi (ii) ;
indè de corpore de sanguine Domini (iii) ; deindè ne sophiste garruli
nos in alique conturbent, si que auctoritates predicte doctrine videantur obviare, eas addas et per alias auctoritates ad concordiam com-
pendiose reducas (iv : de concordia contrarietatum predictarum).
Postea modernis ex sententia sua, non ex auctoritatibus sanctorum
recte fidei resistentibus auctoritates eos redarguentes opponas ; pre-
terea ipsas auctoritates quibus ad fovendum errorem suum abutun-
tur ipsi moderni ponendo per alias auctoritates exponas et errorem
eorum aperiendo destruas (v : utrum natura divina sit persona) ;
manifestatio Sabelliane heresis, que hodie ferè ubique regnat, et explo-
ratio auctoritatum que imperitis videntur eis favere (vi). Inde Grecis
mentientibus quod Spiritus Sanctus non procedit a Filio, qualiter
obviemus non pretermittas (vii : de processione Spiritus Sancti
contra Grecos). His quoque qualiter Judeis opponamus vel respon-
deamus inseras ; ad cautelam quoque nostram docere ne differas quid
sit hereticum esse (viii : quomodo sit disputandum cum paganis,
Judeis, Manicheis, Arrianis, Sabellianis) ; (ix :) que et quot sunt here-
ses. Moderni quoque si qua docuerint que possint simplicitatem
fidei in aliquo turbare, rogamus ut ea quoque ne differas notare (x :
que videntur suspitiosa in scriptis modernorum). Post modum vero
de membris Domine subjungas (xi : de membris Domini, contra
antropomorphitas). Ad ultimum, quia copia librorum ex quibus predicte auctoritates sumpte sunt non facile potest legi vel etiam haberi,
ne vim alicui auctoritati videaris fecisse, compendiosam collectionem
aliquarum auctoritatum predictam doctrinam corroborantium con-
cordando, more librorum jurisperitorum, rogamus, adnectas (xii :
de collectione auctoritatum) ; et sic per xii partitiones omnia ista
discernas, ut, cum in qualibet earum querere necesse videatur, facile
inveniatur [1].

1. Fol. 3 r° et v°.

## VI.

On a pu le voir par quelques expressions, l'auteur est hanté
par cette idée que partout l'hérésie sabellienne triomphe et que
bientôt elle fera disparaître la véritable foi. Ecoutez-le plutôt :

Sabellius enim jam resuscitatus modo ubique fere regnat, qui ab
orbe universo quasi leprosus olim ejectus fuerat, quod heresim sce-
lestissimam predicabat.....; modernis vero temporibus... suscitavit
Sabellium diabolus et dedit ei regna omnia mundi ut sua confusione
ubique predicando et incessanter omnes secum trahat ad Tartara...
Inde est quod Judei facti sunt Sabelliani, sic et gentiles etiam universi necnon omnis fere Christianus, et ut videtur, specialiter omnes
Latini; quod ut iterum compleatur quod scriptum est : Confundam
sapientes in sapientia sua, omnes fere qui huic mundo videntur esse
sapientes diabolus venenata sue potionis confusione inebriavit; quod
nisi confusionem Sabellii, cum de fide Dei agatur, nullus fere eorum
docere vel loqui novit. Inde etiam est ad cumulum confusionis tocius
generis humani quod facti sunt hoc tempore universi Sabelliani, cum
olim non nisi unus fuerit qui hanc zizaniam superseminaverit[1] que
et semen et messem Dei pene totam hoc tempore suffocat ne fructus
debitos reddat; hii enim etsi non sint Sabellius in persona, sunt
in spiritu et in heresi Sabelliana. Inde quoque et illud est malorum
omnium pessimum quod si quis forte perrarus est catholicus, pre
multitudine, pre potencia, pre mundana scientia non audet eis eciam
in verbo uno obviare, timens ne, si eis displiceat, graciam eorum et
etiam forte se ipsum amittat, plus metuens homines aut verens quam
Deum [2].

Aussi, s'il combat juifs, manichéens et ariens, c'est aux sabelliens que notre écrivain inconnu réserve tout le poids de sa polémique; il accable d'invectives les philosophes et les savants qui,
d'après lui, sont conjurés pour propager cette hérésie. Il leur
reproche de falsifier les écrits des saints Pères pour appuyer leurs
erreurs; voyez avec quelle vivacité il s'en prend aux auteurs, si
nombreux au xiiᵉ siècle, de livres de *Sentences :*

In hac secta discipulos erroris gignunt qui et ipsi magistri hujus

1. Allusion qui paraît se rapporter à Abélard.
2. Fol. 62 r° et v°.

erroris fere omnes hodie sunt; errorem enim suum nomine *Sententie* palliant, qui olim a sanctis doctoribus heresis et secta et scisma et supersticio dicebatur; sicque perit orbis universus propter negligentiam inquirende veritatis dominice fidei que ex culpa nascitur magistrorum populi : qui cum lux debent esse episcopi, fuerint tenebre. Nam omnes pene tam ceci facti, omnes cecos factos post se trahunt; unde omnes precipites in foveam cadunt [1].

C'est pour porter remède à cette lèpre répandue partout que l'auteur tente de montrer l'identité des erreurs modernes avec l'hérésie sabellienne; il espère ainsi rappeler à la raison et à la foi ceux qui, par ignorance ou par calcul, ne cessent de s'en éloigner. A vrai dire, tel est le but réel de son œuvre.

Après avoir exposé les croyances des sabelliens de l'antiquité, il résume à sa manière la doctrine des modernes :

Moderni multi jam scripserunt permulta et prolixa valde volumina quod tota Trinitas, scilicet Pater et Filius et Spiritus Sanctus, est una numero substantia simplex, et quod natura divina, scilicet Divinitas, que una tantum numero est, Deus est; et quod hec eadem est Pater et Filius et Spiritus Sanctus. Item scripserunt quod Pater et Filius et Spiritus Sanctus est unum numero, et quod unus Deus est et Pater et Filius et Spiritus Sanctus, et quod una substantia est et Pater et Filius et Spiritus Sanctus..... Item scripserunt quod tres persone non sunt tria, et quod proprietates quibus ipse persone distinguuntur a se invicem sunt ipse persone. Item scripserunt quod divina natura que una est numero est Pater et Filius et Spiritus Sanctus, et quod hec est incarnata; item sicut Deus est ita et unus est; item quod quidquid est in Deo Deus est.....[2].

## VII.

L'auteur du *Liber de vera philosophia* s'acharne à combattre toutes ces propositions comme hérétiques; cependant il ne peut écarter de son souvenir les décisions de Reims, ouvertement contraires à sa propre opinion, et la profession de foi de saint Ber-

1. *Ibid.*

2. Fol. 63 r°. Cette dernière proposition : *Quicquid est in Deo Deus est*, est celle que l'auteur combat avec le plus d'énergie et qui lui semble résumer l'ensemble de doctrines qu'il appelle sabelliennes.

nard et des évêques français, si manifestement favorable aux doctrines qu'il réprouve. Aussi, pour paralyser l'argument qu'en peuvent déduire ses adversaires, il raconte à sa manière le concile de 1148 et la condamnation de Gilbert de la Porrée. Après avoir fait allusion au fameux principe sur lequel se fondent ses adversaires : *Quicquid est in Deo Deus est*, il ajoute :

Super verbo quippe isto, contra quemdam episcopum qui hoc verbum non concedebat (cet évêque est évidemment Gilbert de la Porrée), mota fuit aliquando questio in Remensi concilio coram papa Eugenio; cui judicio ejusdem domini pape in eodem concilio Dominus tantam sapientiam contulerat quantam nulli contulerat temporibus illis; de qua post multos dies inter solos episcopos sufficienter disputatum est; sed prorsus nichil inde diffinitum est; quia omnino sine judicio, prudenti tamen consilio, dimissa est in dubio. Hoc enim verbum tunc manutenebat, bonis clericis, ut dicebatur, semper invidiosus, quidam sub quo fuerat monachus papa tercius Eugenius (évidemment saint Bernard) et alii quamplures tum favore istorum, tum invidia episcopi et suorum, tum quia non erant in hac doctrina diu exercitati, sicut sepe contigit, ut in confessione Berengarii patet coram Nicolao papa in Romano concilio, et in Boetio de Trinitate, iiii questione. Qui cum viderent episcopum non solum rationibus irrefragabilibus, sed etiam expressis auctoritatibus per omnia viriliter resistentem, auctoritates tam multas non ausi dampnare, ne sic ipsi se ipsos manifeste probarent hereticos; si autem et quod dixerant ipsi huc usque contra eum, dampnarent, quod vix aliquis facit, similiter se ipsos evidentissime ostenderent hereticos fuisse; quapropter medium iter utrumque tenentes, nichil prorsus inde diffiniendo utramque partem prorsus reliquerunt intactam, rogantes episcopum ut infirmis mentibus profunda Dei profunde non predicaret, sed condescendens humilibus prout oportere videret sapientiam suam ut proficeret sapienter temperaret. Si enim dominus papa et concilium super hoc aliquid decrevissent, sicut alia eorum decreta scribuntur sic scriberetur et istud et sub pena observanda preciperetur [1].

Tel est le récit que donne notre anonyme du concile de Reims; à l'entendre, il n'y a pas eu à proprement parler de condamnation régulière en la forme contre l'évêque de Poitiers; très embarrassés de sa résistance énergique, les prélats prièrent poliment

1. Fol. 90 v°.

Gilbert de garder le silence sur ces matières, afin de ne s'exposer point à scandaliser les faibles et les ignorants.

Ce récit doit être rapproché de divers témoignages contemporains, celui de Geoffroi d'Auxerre, celui d'Otton de Freisingen et celui de l'auteur anonyme de l'*Historia pontificalis*, qui lui-même assistait au concile de Reims[1]. Si quelque érudit se livre à ce travail, je serais fort étonné qu'il n'en tirât point les conclusions suivantes :

1° Une profession de foi en quatre articles, contraire à la doctrine de Gilbert, fut rédigée par Geoffroi d'Auxerre, le secrétaire de saint Bernard ; au premier abord, elle fut assez mal accueillie par les cardinaux, qui y virent une tentative de l'abbé de Clairvaux et de l'Église gallicane en vue d'imposer à l'Église romaine une déclaration doctrinale ;

2° Cependant cette profession de foi fut solennellement publiée à Reims, dans la salle de l'archevêché dite salle du Tau[2] ;

3° La régularité en la forme de cette déclaration, qui valait condamnation des principales propositions de Gilbert de la Porrée, fut contestée par les partisans de l'évêque de Poitiers. Ils la considérèrent comme suspecte, parce qu'elle ne se retrouvait ni dans les actes du concile ni dans le registre d'Eugène III ; là-dessus l'*Historia pontificalis* s'accorde avec le théologien inconnu dont je viens de citer le témoignage. L'*Historia pontificalis* ajoute que la déclaration ne fut publiée que quinze jours après la fin du concile, en présence seulement d'un certain nombre de

---

1. Geoffroi d'Auxerre fut secrétaire de saint Bernard et est naturellement son partisan dévoué. Consulter son *Libellus contra Gilbertum Porret* et sa lettre à Albinus, cardinal d'Albano. *Patrol. Latina*, CLXXXV, col. 595 et 587. On trouvera ces deux autres récits dans Pertz, XX, 379 et ss., 522 et ss. Ces récits sont plutôt favorables à l'évêque de Poitiers. Cf. Hauréau, *op. cit.*

2. *Historia pontificalis*, p. 525. Cf. Geoffroi d'Auxerre, *Libellus*, col. 617. Otton de Freisingen dit qu'une seule proposition fut condamnée par le pape (p. 384) : « Ne aliqua ratio inter naturam et personnam divideret, neve Deus divina essentia diceretur ex sensu ablativi tantum, sed etiam nominativi. » Sur les autres points, Gilbert n'aurait pas été condamné. Avec deux témoins oculaires, Geoffroi d'Auxerre et l'auteur de l'*Historia pontificalis*, je crois que la déclaration en quatre articles qui condamnait Gilbert fut solennellement publiée par le pape. L'auteur du *Liber de vera philosophia*, il faut le remarquer, conteste la validité et non l'existence de la condamnation, tandis qu'Otton semble considérer la condamnation comme anodine ; à mon avis, c'est le récit d'Otton qui doit être écarté.

prélats de diverses provinces retenus à Reims pour terminer cette affaire : cette circonstance explique que la profession de foi ne figure point dans les actes conciliaires. Mais elle n'en fut pas moins pleinement sanctionnée par le pape, assisté d'un certain nombre d'évêques; notre auteur est donc inexact quand il tient cette condamnation pour non avenue; si l'autorité ecclésiastique ne se prononça point pendant le concile, elle se prononça ouvertement quelques jours après la dissolution de cette assemblée;

4° Gilbert adhéra à la déclaration de saint Bernard, accepta de corriger ses ouvrages pour les mettre en harmonie avec cette déclaration, et désormais garda le silence sur ces questions. Tel est le témoignage de l'*Historia pontificalis* [1], de Geoffroi d'Auxerre [2] et de saint Bernard lui-même [3].

En résumé, saint Bernard rencontra une résistance plus vive que peut-être il ne s'y attendait ; s'il finit par obtenir la victoire, son adversaire ne fut point écrasé ; sa défaite ne fut point une déroute [4]. Mais les disciples et les partisans de Gilbert transforment les événements au gré de leurs sympathies quand ils représentent l'issue de la lutte comme indécise.

## VIII.

Au surplus, les survivants des disciples de Gilbert ne sont à la fin du XII<sup>e</sup> siècle qu'un petit groupe isolé au milieu des évêques et des docteurs contemporains. Notre auteur s'en rend fort bien compte ; mais, cédant à la tendance ordinaire des esprits obstinés et orgueilleux, il se cantonne dans ce petit groupe auquel il attribue le monopole de l'orthodoxie. Il reste à montrer comment il jeta l'anathème sur les noms les plus connus de la théologie du XII<sup>e</sup> siècle. C'est le travail auquel il se livre dans le chapitre intitulé : *Que videntur suspitiosa esse in scriptis modernorum* [5].

Ce chapitre s'ouvre ainsi :

1. P. 525.
2. *Epistola ad Albinum.* Migne, CLXXV, 592.
3. *In Cantica Canticorum*, sermo LXXX, in fine.
4. Voir dans l'*Historia pontificalis*, p. 526, la très curieuse appréciation des deux adversaires, saint Bernard et Gilbert de la Porrée ; celui-là représenté comme un de ces hommes d'action et de gouvernement dont l'Église n'a jamais manqué, celui-ci comme un érudit, un savant et un lettré.
5. Fol. 88 r°.

Moderni similiter, quia multa docuerunt et in scriptis et etiam sine scripto que fidei simplicitatem possent a veritate deviare, necesse foret ea qualicumque modo signare. Sed tot et tanta sunt quod indigent per se volumine; nec etiam libros omnium possumus habere nec ad notitiam nostram omnes pervenere. Sed ne videamur ista prorsus omittere, multis pretermissis, signemus aliqua aliquorum opera.................. Ex hoc autem quod quedam verba quorumdam volumus notare................. multos credimus nobis fore iratos. Sed si hominibus ex toto placerem, Christi servus non essem. Deus autem Trinitas cujus causam.................... manuteneo; in quo solo confidens nullum hostem timebo, eripiet me de ore leonis et de manu bestie, ne me possint unquam in aliquo ledere; nec ego vim facio alicui istam legem vel errorem suum relinquere, sed tantum precor unumquemque errores aliorum vel etiam suos saltem pro Deo vitare, et moneo etiam ut meos caritative corrigat, ita quod dilectionem Dei et proximi non offendant. Superflua igitur vel etiam carenda credimus que sequuntur.

Après ce début, assez menaçant pour les théologiens du xiie siècle, l'auteur distribue ses critiques et ses anathèmes aux plus importants de ses contemporains. Il cite d'abord, par son nom, Guillaume de Conches :

Quidem dictus magister W. de Conchis librum composuit quem Philosophiam nominavit, in quo se ipso teste multum erravit contra fidem catholicam; sed quia ipse in alio libro quem similiter fecit illum plene correxit [1], superfluum esset amodo ipsum notare.

Après le tour de Guillaume de Conches vient celui d'Abélard :

Quidam quoque alius magister, homo satis subtilis ingenii, viam incognitam sine ductore ingressus est; unde currens, lassatus, moramque faciendo solus obdormiens in solitudine inter alia corrigenda scribendo sopniavit quod Deus Pater est in Filio sicut genus in specie; unde quia propter hec et hujusmodi perpetuo silencio dapnatus est, non est opus amplius eum notare [2].

1. Sur la rétractation de Guillaume de Conches, mort en 1154, cf. Hauréau, *op. cit.*, p. 441. Il avait été poursuivi par Guillaume de Saint-Thierry et Gautier de Conches, qui furent aussi deux adversaires de Gilbert de la Porrée.
2. Sur cette doctrine, voir l'introduction de M. Cousin à son édition des ouvrages d'Abélard (Paris, 1836, in-4°), p. cxcviii. Les assertions d'Abélard se trouvent dans son *Introduction à la théologie* et dans sa *Théologie chrétienne*.

Saint Bernard[1] n'est naturellement pas plus ménagé que son adversaire. Il ne faut pas s'en étonner ; nul plus que l'abbé de Clairvaux ne devait être antipathique aux partisans de Gilbert de la Porrée. Notre anonyme conserve, vis-à-vis de saint Bernard, l'attitude de méprisant dédain qu'affectait déjà l'évêque de Poitiers[2]. Voici le passage qui le concerne ; le ton en est suffisamment impertinent, aussi bien pour le saint abbé que pour ses partisans au concile de Reims ; à entendre notre sectaire, la déclaration en quatre articles aurait été préparée dans une réunion d'un caractère assez peu ecclésiastique :

Fuit alius vir vite venerabilis; cum esset bene potus in nocte cum paucissimis familiaribus suis in ospicio suo, decrevit credi quod aliquid unum numero est Pater et Filius et Spiritus Sanctus, et quod tres persone non sunt tria, et alia quedam inferioribus similia. Quod quia non scripsit in volumine, non est necesse amplius notare. Potuit autem in his sicut in aliis quibusdam que scripsit sollempniter errare. Hic namque spatiose scripsit quod milites Templarii Jerosolimitani, pro antiquis turibulis et urceolis et aliis instrumentis veteris legis, dependent tempore isto in Templo Domini, de quo Dominus ejecit vendentes et ementes, sellas et frena sua et lanceas et alia milicie sue instrumenta necessaria, quod falsissimum est, quia nec Templum in potestate illorum est[3].

Le lecteur n'aura pas de peine à faire la part des exagérations de la rancune théologique à laquelle s'abandonne l'écrivain ; la réputation de saint Bernard est au-dessus de ces atteintes. Elles ne font

1. Entre Abélard et saint Bernard, notre auteur mentionne encore parmi les hérétiques un évêque qui d'ailleurs n'a pas laissé d'écrits : « Quidam similiter alius magne dignitatis homo, veniens ab universali quondam concilio, non bene intelligens que ibi dicta fuerant, inter alia predicavit in sinodo sua quod in personis sancte Trinitatis nulla esset differentia nisi in nominibus tantum. Sed quia nec hec nec alia scripsit, nec hunc duximus dignum amplius signare. »

2. *Historia pontificalis*, p. 526.

3. Allusion à un passage de l'œuvre de saint Bernard intitulée : *De laude militiae Templi*, chap. v. *Patrol. Latina*, CLXXXII, c. 927. Ce passage s'applique à l'ordre du Temple et non à l'ancien temple des Juifs, dont saint Bernard le rapproche par un simple procédé de rhétorique : « Ornatur tamen hujus facies Templi sed armis, non gemmis; ... pro candelabris, thuribulis atque urceolis domus undique frenis, sellis ac lanceis communitur... » Il suffit de jeter les yeux sur cet écrit pour voir que notre auteur impute à saint Bernard une grossière confusion qu'il n'a pas commise. Cela montre le peu de valeur de ses accusations contre l'abbé de Clairvaux.

d'ailleurs que nous donner une preuve nouvelle de la haine que les disciples de Gilbert de la Porrée vouèrent à la mémoire de l'abbé de Clairvaux[1].

L'auteur entend n'épargner aucun des grands noms de la philosophie contemporaine ; maintenant il expose les propositions dangereuses enseignées par Hugues de Saint-Victor[2], qu'il ne nomme pas plus que saint Bernard, mais que les citations ne permettent pas de méconnaître :

Fuit vero alius multa bona scribendo faciens qui scripsit inter cetera hec sequentia verba : capitulo primo, *de fide :*

Quòd sapientibus hujus temporis oporteat credere in obscuris scripturis.

Quod tota Trinitas est una substantia simplex (capitulo III°)[3].

Quod sicut Deus est ita et unus est secundum rationem, ut unum sit principium.

Exordium fidei ab unitate incipit, non a Trinitate.

Dicit idem Augustinum dixisse; quod quicquid est in Deo Deus est; quod nec unus nec aliquis sanctorum legitur unquam dixisse, quia omnia sunt in Deo, nec sunt Deus[4].

Idem capitulo IIII° quod humana mens vestigium est Trinitatis.

Quod Deus Trinitas est Pater et Sapientia quam habet sine qua nunquam fuit, et Amor quo semper eam dilexit, que sunt tres persone ; sicut mens humana et ejus sapientia et ejus amor sunt tria, que tamen non sunt persone, quia sunt affectiones circa animam, et quod sapientia Dei est Deus et una substantia vel una natura est ille tres persone, Pater et Filius et Spiritus Sanctus[5].

Idem capitulo VI ; quod omnia que secundum substantiam dicun-

---

1. Chemin faisant, l'auteur signale encore un hérétique qui n'a pas laissé d'écrits dangereux : « Alius quoque homo valde litteratus in magna sinodo, presentibus multis bonis clericis, inter alia predicavit se mirari stulticiam simplicium Christianorum eo quod non intelligebant quomodo Pater et Filius et Spiritus Sanctus essent tria et unum, asserens tres istas personas sancte Trinitatis esse unum subjecto sed tria ratione, sicut Socrates cum sit unus, tamen est albus, crispus, musicus, Sophronisce filius ; quare unum subjecto est, ratione vero diversa. Sed nec ipsum, quia hec non scripsit, visum est nobis amplius notare necesse. »

2. Hugues de Saint-Victor, *Summa sententiarum,* I, c. 8 (cf. Migne, *Patrol. Latina,* CLXXVI).

3. *Ibid.,* c. 9.

4. *Ibid.,* c. 6.

5. *Ibid.,* c. 6.

tur de tribus personis predicantur singulariter, non pluraliter, nisi persona.

Idem, cum persona secundum substantiam dicatur [1], secundum Augustinum, quod non est verum Augustinum dixisse, et cum hec sit diffinitio persone : persona est rationabilis substantie individua natura, quod non est verum, non audemus dicere de Filio quod sit alia rationabilis substantia a Patre, cum sit alia persona: nec de tribus personis quod sint tres rationabiles substantie, cum non dicitur Filius est alia persona, id est, discretus per aliam proprietatem ; Pater et Filius et Spiritus Sanctus sunt tres persone, id est, discreti per tres proprietates. Sicut enim cum dicitur : Filius est Deus, non distinguitur a Patre, sed cum additur Filius est Deus de Deo, jam fit distinctio ; ita cum dicitur : Pater est persona, Filius est persona, nondum fit distinctio ; sed cum additur alia persona, vel plurale tres persone, jam distinctio notatur.

Hoc nomen Trinitas non est substantiale, sed pluralitatem designat personarum [2].

Hec nomina Pater, Filius, Spiritus Sanctus, translata sunt a creaturis ad Creatorem. Sed ne videantur in Deo significare quod in nobis significant, attribuitur Patri potentia, Filio sapientia, Spiritui Sancto benignitas [3].

. . . . . . . . . . . . . . . . . . . . . . . .

Idem capitulo viii. Idem dicit Augustinum dixisse quod quidquid est in Deo Deus est, quod est dicere; sicut Pater Deus est, ita proprietas Patris est ipse Pater. Quid enim est proprietas Patris et Filii et Spiritus Sancti nisi persone ipse inter se distincte et discrete [4] ?

Notre auteur poursuivant son travail énumère jusqu'à seize propositions inutiles ou suspectes de Hugues de Saint-Victor ; la dernière est ainsi conçue :

Furtum et homicidium et cetera non inputantur posteris preter concupiscentiam, quia non fit generatio ipsa secundum effectus illorum, scilicet motum de illis venientem.

Toutefois Hugues de Saint-Victor a rétracté toutes ses erreurs : « Iste vero postquam ista et multa alia in hunc modum scripsit, aliud quoque magnum volumen scribendo composuit quod senten-

---

1. *Ibid.*, c. 8 et 9.
2. *Ibid.*, c. 10.
3. *Ibid.*, c. 10.
4. *Ibid.*, c. 11.

tie ejus dicitur et liber ejus de sacramentis intitulatur, in cujus prologo se confitetur multa scripsisse que postulat lectorem secundum sententiam hujus voluminis corrigere, *in quo nichil horum scripsit.* » Cette rétractation semblera assez peu formelle à qui lira avec attention le prologue du *De sacramentis* de Hugues de Saint-Victor [1].

Notre inconnu n'abandonne Hugues de Saint-Victor que pour attaquer Pierre Lombard. Il relève dans ses sentences trente-huit propositions, dont voici quelques-unes :

Fuit quoque alius magne dignitatis homo in multis eum (Hugues de Saint-Victor) imitatus, primo similiter docens unitatem Trinitatis quam Trinitatem unitatis.

Quod hoc nomen Heloy plurale est nominis Helyi [2].

Quod idem volens probare quod non quecque sunt in Dei scientia sunt in Dei essentia, ait Augustinus, inquit : Omnia antequam fierent erant et non erant ; erant in Dei scientia et non erant in sui naturà.

. . . . . . . . . . . . . . . . . . . . . . . . . . .

Quod prescientia Dei non est causa rerum, quia sic esset causa malorum [3].

Quod unum solum est Deus Trinitas [4].

Quod nomine consorcii vel pluralitatis parcium non ponitur aliquid sed removetur [5].

Idem capitulo xxxi, quod illa tria, scilicet tres persone, non sunt unius Dei sed summus Deus [6].

Idem capitulo xliiii, quod necessaria questio est utrum Pater genuit se Deum vel alium Deum.

1. Voici le texte du prologue du traité *De sacramentis fidei christianæ* de Hugues de Saint-Victor, auquel l'auteur fait allusion : « Librum de sacramentis Christianæ fidei studio quorumdam scribere compulsus sum : in quo nonnulla quæ antea sparsim dictaveram inserui. Hoc autem magis me movet quod cum hæc eadem prius negligentius dictassem..... passim transcribenda exposui... Sed quia postmodum cum eadem hujus operi textui insererem, quædam in ipsis mutare, quædam vero adjicere vel detrahere ratio postulabat. Lectorem admonitum esse volo, ut sicubi ea extra hujus operis seriem aliud aut aliter aliquid habentia invenerit, hanc diversitatis causam esse sciat, et si quid forte in eis emendandum fuerit, ad hujus operis formam componat. »

2. Pierre Lombard, Distinctio ii, n° 6. Migne, *Patrol. Latina*, CXCII.

3. I, Dist. xxxviii, c. 2.

4. I, Dist. ii, c. 2 et *passim*.

5. I, Dist. ii, c. 5.

6. I, Dist. iii, c. 17.

Idem capitulo xliiii, quod nec Pater genuit divinam essentiam nec divina essentia genuit essentiam nec Filium [1]. Quia si hoc esset divina essentia relative diceretur, et Pater esset Pater sibi et Filius Pater et eadem res se generaret [2].

Idem lxxii, quod non est in Deo aliquid quod non sit Deus, et quod habetur hic est nisi persona que ad alteram relative dicitur, et quod in Deo non est numerus, cum tamen in divina natura sit personarum Trinitas [3].

Idem capitulo lxxxvii, quod caritas aliquando refertur ad substantiam que communis est trium personarum et tota in singulis; aliquando specialiter ad personam Spiritus Sancti; sicut sapientia Dei aliquando pro substantia divina ponitur, aliquando pro Filio proprie; et quod Spiritus Sanctus est caritas, vel amor, vel dilectio Patris et Filii qua se invicem et nos diligunt et nos Deum [4].

Idem ex capitulo, quod Spiritus Sancti gemina est processio; eterna a Patre et Filio, et temporalis qua ad sanctificandam creaturam procedit, que donatio dicitur [5].

. . . . . . . . . . . . . . . . . . . . . . . . .

Idem capitulo clxxiii, quod in Deo non est numerus; quod cum dicimus plures esse personas singularitatem et solitudinem excludimus, nec multiplicitatem ibi ponimus. Quod cum dicimus tres personas, non quantitatem in Deo ponimus; et quod idem significatur cum dicitur : Deus est Deus, et cum dicitur : Deus est persona; et ita idem significat persona quod Deus, et quod nomine persone essentia intelligitur [6].

. . . . . . . . . . . . . . . . . . . . . . . . .

Idem capitulo ccxxxiii, quod proprietates personarum sunt ipse persone et Deus et divina essentia [7].

Idem capitulo ccxxxiiii, quod natura est persone, et quod eadem essentia est Patris et Filii et Spiritus Sancti, et quod Deus habitavit in Christo non per gratiam adoptionis sed per gratiam unionis [8].

On sait combien vivement les doctrines de Pierre Lombard

1. I, Dist. iv, c. 1.
2. I, Dist. v, c. 1 et 12.
3. I, Dist. viii, c. 9.
4. I, Dist. x, c. 3.
5. I, Dist. xiv, c. 1.
6. I, Dist. xxiv et xxv.
7. I, Dist. xxxiii.
8. I, Dist. xxxiv.

au sujet de l'Incarnation furent attaquées, sous le pontificat d'Alexandre III, par Gautier de Saint-Victor et Jean de Cornouailles. Notamment Gautier, dans son livre *Contra quatuor labyrinthos Franciæ*[1], avait poursuivi des critiques les plus véhémentes, non seulement Abélard et Gilbert de la Porrée, mais encore Pierre de Poitiers et Pierre Lombard; ces dénonciations répétées avaient éveillé l'attention d'Alexandre III, qui dut s'en occuper au concile de Tours et au concile de Latran[2]. Or, ce qu'on reprochait à Pierre Lombard, c'était la négation de l'humanité du Christ; pour lui, la nature humaine n'existe pas réellement en Jésus-Christ, elle n'est que le vêtement de la Divinité. Tel est le sens de la fameuse proposition imputée à l'évêque de Paris : *Christus secundum quod est homo non est aliquid.* Sur ce point, notre inconnu s'empresse de faire écho aux ennemis de Pierre Lombard :

Idem, capitulo cxxx (libri III), quod humanitas non est in Christo natura, sed habitus, sicut vestis vestito. Quod Christus carnem et animam habuit, sicut homo quilibet vestem. Quare secundum quod homo non potest dici Christus esse aliquis occasione illius Apostoli : *habitu inventus ut homo*[3].

. . . . . . . . . . . . . . . . . . . . . . . . .

## IX.

On le voit, c'est principalement à saint Bernard et à Pierre Lombard que s'en prend l'auteur inconnu du *Liber de vera philosophia;* il apporte dans sa polémique contre eux la violence trop fréquente dans les controverses théologiques de son temps. Au surplus, il ne se borne pas à combattre les doctrines d'autrui; comme beaucoup de ses contemporains, il allègue en faveur de ses opinions de nombreuses citations des Pères. La tâche lui avait été singulièrement facilitée par le travail d'un de ses amis, chanoine de Saint-Ruf, dont il nous révèle l'activité littéraire :

Fuit temporibus nostris quidam magister A. dictus Sancti Ruphi canonicus, homo magnus etate sed multo major scientia et religione et dignitate, qui a consilio Remensi a papa Eugenio celebrato, ex quo

1. *Patrol. Latina*, CXCIX.
2. Voir aussi la lettre adressée par lui à Guillaume, archevêque de Sens, puis de Reims. Cf. Hefelé, *Histoire des conciles* (traduction française), VII, 512 et ss.
3. Cf. III, distinctio VI, VII, et la discussion à laquelle se livre Pierre Lombard sur l'Incarnation.

ceperunt hujusmodi novitates crebrescere, usque ad concilium fere Romanum ab Alexandro papa celebratum non cessavit studiosissime cum omni diligentia inquirere per infinitas ecclesias et monasteria Galliarum et Hispaniarum et Italie et etiam Grecie, universos sapientes interrogando, et legendo et relegendo innumerabilia volumina quecumque de sancta Trinitate et ejus unitate dicebantur aliqui intimare utrum scilicet verbum istud : Quicquid est in Deo Deus est, esset alicubi ab aliquo sancto scriptum vel aliud aliquod verbum unde istud posset perpendi. Videbatur enim sibi istud verbum esse causa et origo fere omnium novitatum ex quibus videbatur heresis Sabelliana procul dubio ressuscitari..... Cum igitur hoc predictum verbum predictus A. per xxx annos et eo amplius querendo fatigatus nec per se nec per alios unquam posset invenire, nec ei equipollens, nec auctoritatem nec rationem quibus hoc posset probari vel tueri, visum est sibi perutile ex tot voluminibus que tociens perlegerat auctoritates aliquas eligendo colligere quas vidit ad doctrinam Sancte Trinitatis et ejusdem unitatis et Verbis Incarnationis et corporis et sanguinis Domini necessarias fore. Quarum in volumine compositionem vocavit *Collectionem* quam distinxit per xxiiii distinctiones. Qua per multas transcripta, unam dedit Rome Eugenio (*sic* : lire Alexandro) predicto Pape qui eam suscepit cum multa gratiarum actione, et eam didicit ab ipso predicto A. tanquam discipulus sine omni pudore : alium quoque librum ejusdem collectionis dedit Magalone; alium Psalmodiensi abbatie [1]; alium misit Alemannie; alium dedit Valentie, ecclesie Sancti Ruphi, cum alio tractatu de Trinitate; alium et michi quem Jerosolimis reliqui. Ex hac itaque collectione visum est et mihi aliquas auctoritates in fine hujus opusculi ponere quibus possint predicta muniri et minus dicta suppleri ita ut nichil videatur ibi nisi ejus auctoritate tractari [2].

L'ouvrage se termine par un résumé de chacune des distinctions qui forment la *Collectio* du chanoine de Saint-Ruf [3]. Voici l'indication des sujets de chacune :

Prima distinctione commendant Ilarium Hieronymus et Augustinus contra eos qui eum abhorrent.

IIᵃ distinctione continetur quod non homini, sed soli Deo credendum sit de Deo.

---

1. Abbaye de Psalmodie, au diocèse de Nîmes.
2. D'après des renseignements que je dois à l'obligeance de M. l'abbé Ulysse Chevalier, ce manuscrit n'existe plus à Valence.
3. Fol. 90 v°.

iii<sup>a</sup> distinctio dicit quod multis modis dicitur natura et essentia et substantia, et quid sit natura et quid persona et quod inter se differunt.

iv<sup>a</sup> distinctio signat distincte personas a natura.

v<sup>a</sup> distinctio docet quod hoc nomen substantia positum est in designatione persone, non nature.

vi<sup>a</sup> distinctio ostendit quod hoc nomen substantia positum est in designatione nature, non persone.

vii<sup>a</sup> distinctio docet quod hoc nomen natura positum est in designatione persone, non nature.

viii<sup>a</sup> distinctio ostendit quod hoc nomen natura positum est in designatione nature, non persone.

ix<sup>a</sup> distinctio ostendit quod hoc nomen essentia positum est in designatione persone, non nature.

x<sup>a</sup> distinctio docet quod hoc nomen essentia positum est in designatione nature, non persone.

Distinctio xi<sup>a</sup> docet quod persone natura et substantia et essentia dicitur, et genus, et qualitas et species et proprietas.

xii<sup>a</sup> distinctio ostendit et aperit Sabellianam et Arrianam heresim.

xiii<sup>a</sup> distinctio docet exordium fidei constituendum a Trinitate et non ab unitate.

xiv<sup>a</sup> distinctio ostendit quod hec tria nomina, Pater et Filius et Spiritus Sanctus, unam rem solitariam non nominant, sed unumquodque nominat suam rem singulariter subsistentem.

xv<sup>a</sup> distinctio docet quare Pater nominetur Pater, et Filius Filius, et Spiritus Sanctus Spiritus Sanctus et quare Filius nominetur Verbum et Sapientia et Virtus.

Distinctio xvi<sup>a</sup> docet quod Pater et Filius et Spiritus Sanctus a sua communi natura hoc nomen suscipiunt : Deus.

Distinctio xvii<sup>a</sup> docet quod hoc nomen Deus sic est Patris et Filii et Spiritus Sancti ut quandoque Patrem tantum nominet, quandoque Filium tantum nominet, quandoque Spiritum Sanctum tantum, quandoque simul sine distinctione hos tres nominet.

Distinctio xviii<sup>a</sup> docet cum unus, una, unum, rem solitarie singularem significet, quando et quare plures nominet personas.

Distinctio ixx<sup>a</sup> docet quibus rationibus Pater et Filius et Spiritus Sanctus, licet tres sint in numero discreti, dicantur esse unum et unus Deus.

Distinctio xx<sup>a</sup> ostendit quod si quis per unus Deus rem solitarie singularem supponit et eidem hec tria nomina Pater, Filius et Spiritus Sanctus attribuit, Sabellianam heresim incurrit.

Distinctio xxi[a] docet ex quo sensu Pater et Filius et Spiritus Sanctus unum et unus Deus intelligi debeant.

Distinctio xxii[a] docet quod cum dicitur : Pater genuit quod ipse est, per istud quod non refertur subsistens sed subsistentis natura quam genus, proprietatem et qualitatem nominant.

Distinctio xxiii[a] docet Deum ideo simplicem esse quod ei non inest multitudo naturarum, nisi una sola tantum, quam sancti nominant ejus esse et habere et velle et audire, et videre, et posse et vivere et facere.

Distinctio xxiiii[a] docet quid de singulis singulorum Patris et Filii et Spiritus Sancti proprietatibus intellexerunt sancti.

## X.

En résumé, le ms. 1085 de Grenoble fait connaître :

1° L'œuvre, composée à la fin du xiie siècle, d'un partisan de Gilbert de la Porrée, qui est en même temps un ennemi acharné de saint Bernard et de Pierre Lombard ; cette œuvre contient un récit nouveau de la condamnation de Gilbert de la Porrée au concile de Reims.

2° Le résumé d'un recueil de citations extraites des Pères par un chanoine de Saint-Ruf, qui écrivait à la même époque.

On est en droit d'en conclure qu'un petit groupe de théologiens conservait encore en ce temps la tradition des doctrines hétérodoxes que Gilbert avait enseignées sur la Trinité : ces doctrines, rejetées par l'immense majorité de l'Église, n'allaient à rien moins qu'à ébranler la notion de l'unité divine. C'est au nom de telles doctrines que, poussés par la plus intolérante rancune, des théologiens obscurs lançaient l'anathème sur les hommes les plus savants et les plus respectés de l'Église de France.

Quelle influence exerça ce petit groupe sur le développement des hérésies populaires répandues à cette époque dans le midi de la France, c'est une question qu'il serait intéressant de résoudre et qui mériterait d'attirer l'attention des savants.

Paul FOURNIER.

Extrait de la *Bibliothèque de l'École des chartes*, t. XLVII, 1886.

Nogent-le-Rotrou, imprimerie DAUPELEY-GOUVERNEUR.